PROVINCE DE CANTHO

CERCLE SPORTIF ANNAMITE

DE

CANTHO

STATUTS

CANTHO

IMPRIMERIE DE L'OUEST

1930

Cercle Sportif Annamite

DE CANTHO

STATUTS

TITRE I

Formation — But — Siège Social

Article premier.— Il est créé à Cantho une association qui porte le nom de *Cercle Sportif Annamite de Cantho.*

Article 2.— Cette Société a pour but :

1"— De mettre à la disposition de ses membres les moyens nécessaires à la pratique rationnelle et agréable des sports;

2".— De s'efforcer de faire ressortir à la population Annamite l'importance de la culture physique;

3°.— De maintenir une bonne camaraderie entre ses membres ;

Toute discussion politique ou religieuse est rigoureusement interdite.

Article 3.— La durée de l'association est illimitée.

Article 4.— Le Siège de l'Association est a Cantho. au lieu fixé par décision du Conseil d'Administration.

TITRE II

Composition — Admission
Démission — Exclusion

Article 5.— La Société se compose de :

Membres d'honneur,

Membres donateurs,

Membres actifs.

Article 6.— Sont membres d'honneur les personnes qui rendent ou peuvent rendre des services à la Société. Les membres d'honneur sont choisis par le Conseil d'Administration parmi les notabilités européennes et indigènes de la Province.

Article 7.— Sont membres donateurs ceux qui font don à la Société d'une somme minimum de *Cinquante piastres.*

Article 8.— Les postulants à la qualité de membres actifs doivent adresser leur demande au Président.

Ils doivent s'engager à observer les statuts et règlements de l'association et remplir l'une des conditions suivantes :

a) Être fonctionnaire dans un service public.

b) Être une notabilité connue.

c) Être présenté par deux membres de l'association.

Article 9.— Les demandes d'admission sont affichées pendant 8 jours au Siège Social de l'Association. En cas de non-opposition l'admission sera prononcée par le Comité qui adressera une lettre d'avis au postulant. Elle ne sera définitive qu'après versement du droit d'entrée. En cas d'opposition de 3 membres du cercle, il y aura lieu de recourir à un vote qui aura lieu dans les conditions suivantes :

Pendant un délai de huit jours à compter de la réception par le Président de la lettre d'opposition une urne sera tenue à la disposition des membres du cercle de 10h.1/2 à 11h.1/2 et de 17 heures à 19 heures.

L'admission sera acquise à la majorité des votants.

Article 10.— Les membres actifs paient un droit d'entrée de trois piastres et une cotisation mensuelle de une piastre.

Article 11.— La qualité de membre actif se perd :

1°/ Par la démission qui s'obtient par une déclaration écrite adressée au Président;

2°/ Par la radiation pour non paiement des cotisations pendant trois mois consécutifs après une lettre de rappel adressée par le Trésorier un mois avant l'expiration du délai;

3°/ Par l'exclusion prononcée par l'Assemblée Générale dans les cas suivants :

a/ Préjudice causé aux intérêts de la Société.

b/ Dérogation formelle aux statuts.

c/ Acte ou condamnation portant atteinte à l'honneur.

Article 12.— Tout membre qui a cessé de faire partie de la Société pour quelque motif que ce soit n'a droit à aucun remboursement.

Article 13.— Au cas où il viendrait à être réadmis, il serait considéré comme un nouvel adhérent et tenu de payer un nouveau droit d'entrée.

TITRE III
Administration

Article 14.— L'Association est administrée par un Comité composé de :

Un Président
Un Vice Président
Un Secrétaire
Un Trésorier
Deux Commissaires

Article 15. — Les membres du Comité, indéfiniment rééligibles, doivent être majeurs et sont élus au scrutin secret, en Assemblée Générale, pour une durée d'un an, à la majorité absolue des suffrages.

En cas de ballotage un second tour de scrutin est nécessaire ; les membres du Comité sont alors choisis à la majorité relative des voix. Le vote par correspondance est admis. En cas d'égalité des voix, le vote est acquis au plus âgé. Les fonctions de membres du Comité sont gratuites.

Article 16. – En cas de décès, de démission, de mutation administrative ou de trois absences consécutives non justifiées d'un membre du Comité, celui-ci peut, s'il le juge utile, pourvoir à son remplacement, en nommant un sociétaire de son choix, jusqu'à ratification de l'Assemblée Générale.

Article 17. — Le Comité se réunit sur la convocation du Président, toutes les fois que l'intérêt général l'exige, et, en tout cas, une fois au moins, par trimestre.

A l'issue de chaque réunion, il est dressé un procès-verbal signé du Président et du Secrétaire.

Le Comité ne peut délibérer valablement que si la majorité de ses membres assistent à la séance.

Les décisions du Comité sont prises à la majorité des voix.

Article 18. — Le Président représente la Société vis-à-vis des Autorités de tout ordre.

Il surveille et assure l'exécution des statuts.

Il convoque le Comité et les Assemblées Générales.

Il dirige les discussions et veille à la police de toutes les réunions.

Il reçoit toute la correspondance adressée à la Société et à la signature des lettres et des pièces comptables.

Dans tout vote émis par le Comité, en cas d'égalité, la voix du Président est prépondérante.

Article 19. — Le Vice-Président assiste le Président et le remplace, en cas d'absence ou d'empêchement.

Article 20. — Le Secrétaire rédige, suivant les instructions du Président, les procès-verbaux des réunions du Comité et de l'Assemblée générale, la correspondance avec l'Administration, les sociétaires et le public.

Il tient :

1º. — Un registre pour les procès-verbaux des réunions ;

2º. — Un registre pour les inventaires ;

3º. — Un registre de correspondance à l'arrivée et au départ ;

4º. — Un registre pour l'inscription des membres du Comité de chaque année, ainsi que des membres d'honneur, des membres donateurs et des membres actifs.

Article 21.— Le Trésorier est chargé de recouvrer les droits d'entrée, les cotisations et d'une façon générale, de toucher toute somme revenant à la Société, à un titre quelconque, et d'en donner bonne et valable quittance.

Il paie les dépenses faites par la Société.

Il est chargé de la comptabilité et est responsable de sa caisse.

A chaque réunion du Comité, il est tenu de rendre compte de la situation financière et en Assemblée générale, il doit fournir le bilan de sa gestion annuelle.

Il tient :

1°.— Un registre matricule où sont inscrits les noms des sociétaires avec les dates de leur entrée et de leur sortie de l'Association;

2°,— Un livre de caisse. Les recettes et les dépenses inscrites sur ce livre sont arrêtées à la fin de chaque mois et avant l'expiration du mandat du Comité;

3·.— Un carnet à souches pour les versements des sociétaires et toutes autres recettes.

Article 22. — Les Commissaires **sont** chargés d'examiner les inventaires et comptes annuels et présentent, à ce sujet, leurs observations à l'Assemblée générale. Les livres, la comptabilité et toute les écritures en général doivent leur être présentés à toute réquisition. Ils peuvent requérir une convocation extraordinaire de l'Assemblée générale, si leur commune décision est approuvée par le Président.

Ils peuvent être chargés de toutes enquêtes ou informations touchant les intérêts de la Société.

TITRE IV

Assemblée Générale

Article 23. — Les sociétaires sont convoqués en Assemblée générale une fois par an au mois de Décembre à l'effet :

1°. — D'entendre l'exposé général de la situation de la Société par le Président;

2°. — D'approuver la gestion financière présentée par le Trésorier;

3°. — De procéder au renouvellement du Comité;

4°. — De liquider les questions inscrites à l'ordre du jour et de statuer sur les propositions de modifications des statuts. Tout sociétaire désirant faire une proposition quelconque à l'Assemlée générale doit, au moins 3 jours à l'avance, en aviser le Président.

Article 24.— En cas de besoin, l'Assemblée générale peut être convoquée, en réunion extraordinaire par le Comité ou à la demande du quart au moins des membres actifs.

Pour que l'Assemblée générale puisse délibérer valablement, elle doit être composée de la moitié au moins des membres actifs.

TITRE V

Fonds social

Article 25.— Les ressources de l'Association se composent :

1o. — Des droits d'entrée et cotisations des membres actifs;

2o. — Des dons, subventions ou autres libéralités accordés à la Société;

3o.— Des fonds placés et des intérêts échus.

Article 26. — Les dépenses ne dépassant pas 10$00 sont ordonnancées par le Président qui en rendra compte au Comité. Au-dessus de cette somme, le Comité seul décidera de l'emploi des fonds.

Le Président vise les pièces de dépenses faites au nom du groupement.

Le Président ou le Trésorier sont responsables des dépenses non justifiées et d'un caractère purement personnel.

Le Trésorier ne pourra avoir en caisse qu'un fonds de roulement de 150$00, au maximun, le surplus devant être placé à une banque ou à une caisse d'Épargne au nom de la Société. Le retrait des fonds décidés par le Comité a lieu au fur et à mesure des besoins sur signature du Président et du Trésorier.

TITRE VI

Règlement intérieur — Révision des statuts — Dissolution

Article 27. Un règlement général, élaboré par le Comité, déterminera les conditions d'Administration intérieure et toutes les dispositions propres à assurer l'exécution des statuts.

Ce règlement ne pourra contenir aucune dérogation aux statuts.

Article 28. - Les présents statuts ne seront modifiés qu'après décision de l'Assemblée générale et n'entreront en application qu'après approbation de M. le Gouverneur de la Cochinchine.

Article 29. — La dissolution de la Société ne peut être prononcée qu'en Assemblée générale qui doit réunir au moins les deux tiers des membres actifs. Le vote sera acquis au 1er tour à la majorité des membres présents et au 2e tour à la mojorité des votants. Il ne sera valable qu'après ratification par M. le Gouverneur de la Cochinchine

Article 30. — En cas de dissolution le fonds social sera versé à une œuvre de bienfaisance ou à toute autre association ayant un caractère d'utilité publique.

TITRE VII

Dispositions diverses

Article 31. — La liste des membres et les registres concernant la Société seront mis à la disposition de l'Administration à toute réquisition.

Article 32.— Un diplôme pourra être décerné par l'Assemblée générale sur la proposition du Comité aux personnes qui auront rendu des services signalés à la Société soit **par leur générosité, soit par leur activité.**

Article 33.— La Société **est placée** sous la présidence d'honneur de Monsieur l'Administrateur, Chef de la province de Cantho et sous le haut patronage de Monsieur le Gouverneur de la Cochinchine.

━━━━◆━━━━

TITRE VIII
Comité provisoire

Article 34.— Il est constitué un Comité provisoire comprenant :

- 1 Président,
- 1 Vice-Président,
- 1 Secrétaire,
- 1 Trésorier.

Article 35.— Ce Comité provisoire est chargé de présenter les statuts à M. l'Administrateur, Chef de la province en vue de leur approbation par M. le Gouverneur de la Cochinchine.

Article 36.— Les attributions du Comité provisoire sont celles prévues au Titre III des présents statuts.

Article 37.— Le mandat du Comité est de un mois, prolongé de la période nécessaire à la convocation de l'Assemblée générale pour l'élection du Comité définitif.

Fait à Cantho, le 20 Août 1925.

Le Comité provisoire :
Le Président,
TRƯƠNG-VĂN-NGA

Le Vice-Président,
TRẦN-VĂN-LƯỢNG

Le Secrétaire,
TRẦN-VĂN-SHO

Le Trésorier
PHAN-XUÂN-LANG

N° 1418
Vu et approuvé :
Saigon, le 14 Septembre 1925
Le Gouverneur de la Cochinchine
Signé : COGNACQ